SCUBA
Diving
Log Book

THIS BOOK BELONGS TO :

NAME : ....

PHONE : ....

ADDRESS : ....

DATE :	
DIVE # :	
COUNTRY :	
LOCATION :	
VISIBILITY :	
WEIGHT :	
CURRENT :	

CONDITIONS :

☀ ☁ 🌧 ⛅
☐ ☐ ☐ ☐

HOT ☐ MIDL ☐ CLOUD ☐

😀 ☐   🙂 ☐   ☹ ☐

◯ SALT ◯ FRESH ◯ SHORE ◯ BOAT ◯ DEEP ◯ NIGHT

DIVE DATA :

TIME IN : .... TIME OUT : ....

MAX DEPTH : ....

BAR/PS : .... BAR/PS : ....

TIME OUT : .... TOTAL TIME : ....

VERIFICATION

VERIFICATION SIGNATURE :

NOTES

....
....
....
....
....
....
....
....

☐ INSTRUCTOR ☐ DIVEMASTER ☐ BUDDY

DATE :	
DIVE # :	
COUNTRY :	
LOCATION :	
VISIBILITY :	
WEIGHT :	
CURRENT :	

CONDITIONS :

☀ ☁ 🌧 ⛅
☐ ☐ ☐ ☐

HOT ☐   MIDL ☐   CLOUD ☐

😀 ☐   🙂 ☐   ☹ ☐

○ SALT   ○ FRESH   ○ SHORE   ○ BOAT   ○ DEEP   ○ NIGHT

DIVE DATA :

TIME IN : ....   TIME OUT : ....

MAX DEPTH : ....

BAR/PS : ....   BAR/PS : ....

TIME OUT : ....   TOTAL TIME : ....

VERIFICATION

VERIFICATION SIGNATURE :

○ INSTRUCTOR   ○ DIVEMASTER   ○ BUDDY

NOTES

....
....
....
....
....
....
....
....

DATE :	
DIVE # :	
COUNTRY :	
LOCATION :	
VISIBILITY :	
WEIGHT :	
CURRENT :	

CONDITIONS :

☀ ☁ 🌧 ⛅
☐ ☐ ☐ ☐

HOT MIDL CLOUD
☐   ☐   ☐

😃 🙂 ☹
☐ ☐ ☐

○ SALT ○ FRESH ○ SHORE ○ BOAT ○ DEEP ○ NIGHT

DIVE DATA :

TIME IN : .... TIME OUT : ....

MAX DEPTH : ....

BAR/PS : .... BAR/PS : ....

TIME OUT : .... TOTAL TIME : ....

VERIFICATION

VERIFICATION SIGNATURE :

☐ INSTRUCTOR ☐ DIVEMASTER ☐ BUDDY

NOTES

....
....
....
....
....
....
....

DATE :	
DIVE # :	
COUNTRY :	
LOCATION :	
VISIBILITY :	
WEIGHT :	
CURRENT :	

CONDITIONS :

☀ ☁ 🌧 ⛅
☐ ☐ ☐ ☐

HOT MIDL CLOUD
☐   ☐   ☐

😃   🙂   ☹
☐   ☐   ☐

○ SALT ○ FRESH ○ SHORE ○ BOAT ○ DEEP ○ NIGHT

DIVE DATA :

TIME IN : ....   TIME OUT : ....

MAX DEPTH : ....

BAR/PS : ....   BAR/PS : ....

TIME OUT : ....   TOTAL TIME : ....

VERIFICATION

VERIFICATION SIGNATURE :

NOTES

....
....
....
....
....
....
....
....

○ INSTRUCTOR   ○ DIVEMASTER   ○ BUDDY

DATE :	
DIVE # :	
COUNTRY :	
LOCATION :	
VISIBILITY :	
WEIGHT :	
CURRENT :	

CONDITIONS :

☀ ☐	☁ ☐	🌧 ☐	⛅ ☐
HOT ☐	MIDL ☐		CLOUD ☐
😃 ☐	☺ ☐		☹ ☐

○ SALT   ○ FRESH   ○ SHORE   ○ BOAT   ○ DEEP   ○ NIGHT

DIVE DATA :

TIME IN : ....   TIME OUT : ....

MAX DEPTH : ....

BAR/PS : ....   BAR/PS : ....

TIME OUT : ....   TOTAL TIME : ....

VERIFICATION

VERIFICATION SIGNATURE :

☐ INSTRUCTOR   ☐ DIVEMASTER   ☐ BUDDY

NOTES

....
....
....
....
....
....
....

DATE :	
DIVE # :	
COUNTRY :	
LOCATION :	
VISIBILITY :	
WEIGHT :	
CURRENT :	

CONDITIONS :

☀ ☁ 🌧 ⛅
☐ ☐ ☐ ☐

HOT MIDL CLOUD
☐   ☐   ☐

😃   🙂   ☹
☐   ☐   ☐

○ SALT   ○ FRESH   ○ SHORE   ○ BOAT   ○ DEEP   ○ NIGHT

DIVE DATA :

TIME IN : ....   TIME OUT : ....

MAX DEPTH : ....

BAR/PS : ....   BAR/PS : ....

TIME OUT : ....   TOTAL TIME : ....

VERIFICATION

VERIFICATION SIGNATURE :

NOTES

....
....
....
....
....
....
....
....

☐ INSTRUCTOR   ☐ DIVEMASTER   ☐ BUDDY

DATE :
DIVE # :
COUNTRY :
LOCATION :
VISIBILITY :
WEIGHT :
CURRENT :

CONDITIONS :

☀	☁	🌧	⛅
☐	☐	☐	☐

HOT	MIDL	CLOUD
☐	☐	☐

😄	🙂	☹
☐	☐	☐

○ SALT ○ FRESH ○ SHORE ○ BOAT ○ DEEP ○ NIGHT

DIVE DATA :

TIME IN : .... TIME OUT : ....

MAX DEPTH : ....

BAR/PS : .... BAR/PS : ....

TIME OUT : .... TOTAL TIME : ....

VERIFICATION

VERIFICATION SIGNATURE :

○ INSTRUCTOR   ○ DIVEMASTER   ○ BUDDY

NOTES

DATE :
DIVE # :
COUNTRY :
LOCATION :
VISIBILITY :
WEIGHT :
CURRENT :

CONDITIONS :

☀ ☁ 🌧 ⛅
☐ ☐ ☐ ☐

HOT · MIDL · CLOUD
☐ ☐ ☐

😀 🙂 ☹
☐ ☐ ☐

○ SALT ○ FRESH ○ SHORE ○ BOAT ○ DEEP ○ NIGHT

DIVE DATA :

TIME IN : ....

TIME OUT : ....

MAX DEPTH : ....

BAR/PS : ....

BAR/PS : ....

TIME OUT : ....

TOTAL TIME : ....

VERIFICATION

VERIFICATION SIGNATURE :

NOTES

....
....
....
....
....
....
....
....

☐ INSTRUCTOR ☐ DIVEMASTER ☐ BUDDY

DATE :	
DIVE # :	
COUNTRY :	
LOCATION :	
VISIBILITY :	
WEIGHT :	
CURRENT :	

CONDITIONS :

☀ ☁ 🌧 ⛅
☐ ☐ ☐ ☐

HOT MIDL CLOUD
☐   ☐   ☐

😀   🙂   🙁
☐   ☐   ☐

○ SALT ○ FRESH ○ SHORE ○ BOAT ○ DEEP ○ NIGHT

DIVE DATA :

TIME IN : .... TIME OUT : ....

MAX DEPTH : ....

BAR/PS : .... BAR/PS : ....

TIME OUT : .... TOTAL TIME : ....

VERIFICATION

VERIFICATION SIGNATURE :

☐ INSTRUCTOR   ☐ DIVEMASTER   ☐ BUDDY

NOTES

....
....
....
....
....
....
....
....

DATE :	
DIVE # :	
COUNTRY :	
LOCATION :	
VISIBILITY :	
WEIGHT :	
CURRENT :	

CONDITIONS :

☀ ☁ 🌧 ⛅
☐ ☐ ☐ ☐

HOT   MIDL   CLOUD
☐   ☐   ☐

😀   🙂   ☹
☐   ☐   ☐

○ SALT   ○ FRESH   ○ SHORE   ○ BOAT   ○ DEEP   ○ NIGHT

DIVE DATA :

TIME IN : ....   TIME OUT : ....

MAX DEPTH : ....

BAR/PS : ....   BAR/PS : ....

TIME OUT : ....   TOTAL TIME : ....

VERIFICATION

VERIFICATION SIGNATURE :

☐ INSTRUCTOR   ☐ DIVEMASTER   ☐ BUDDY

NOTES

....
....
....
....
....
....
....
....

DATE :	
DIVE # :	
COUNTRY :	
LOCATION :	
VISIBILITY :	
WEIGHT :	
CURRENT :	

CONDITIONS :

☀ ☁ 🌧 ⛅
☐ ☐ ☐ ☐

HOT ☐   MIDL ☐   CLOUD ☐

😄 ☐   🙂 ☐   ☹ ☐

○ SALT ○ FRESH ○ SHORE ○ BOAT ○ DEEP ○ NIGHT

DIVE DATA :

TIME IN : .... TIME OUT : ....

MAX DEPTH : ....

BAR/PS : .... BAR/PS : ....

TIME OUT : .... TOTAL TIME : ....

VERIFICATION

VERIFICATION SIGNATURE :

☐ INSTRUCTOR ☐ DIVEMASTER ☐ BUDDY

NOTES

....
....
....
....
....
....
....
....

DATE :	
DIVE # :	
COUNTRY :	
LOCATION :	
VISIBILITY :	
WEIGHT :	
CURRENT :	

CONDITIONS :

☀ ☁ 🌧 ⛅
☐ ☐ ☐ ☐

HOT   MIDL   CLOUD
☐   ☐   ☐

😃 🙂 ☹
☐ ☐ ☐

○ SALT   ○ FRESH   ○ SHORE   ○ BOAT   ○ DEEP   ○ NIGHT

DIVE DATA :

TIME IN : ....   TIME OUT : ....

MAX DEPTH : ....

BAR/PS : ....   BAR/PS : ....

TIME OUT : ....   TOTAL TIME : ....

VERIFICATION

VERIFICATION SIGNATURE :

☐ INSTRUCTOR   ☐ DIVEMASTER   ☐ BUDDY

NOTES

....
....
....
....
....
....
....
....

DATE :	
DIVE # :	
COUNTRY :	
LOCATION :	
VISIBILITY :	
WEIGHT :	
CURRENT :	

CONDITIONS :

☀ ☁ 🌧 ⛅
☐ ☐ ☐ ☐

HOT   MIDL   CLOUD
☐   ☐   ☐

😀   🙂   ☹
☐   ☐   ☐

○ SALT   ○ FRESH   ○ SHORE   ○ BOAT   ○ DEEP   ○ NIGHT

DIVE DATA :

TIME IN : ....   TIME OUT : ....

MAX DEPTH : ....

BAR/PS : ....   BAR/PS : ....

TIME OUT : ....   TOTAL TIME : ....

VERIFICATION

VERIFICATION SIGNATURE :

NOTES

....
....
....
....
....
....
....
....

☐ INSTRUCTOR   ☐ DIVEMASTER   ☐ BUDDY

DATE :	
DIVE # :	
COUNTRY :	
LOCATION :	
VISIBILITY :	
WEIGHT :	
CURRENT :	

CONDITIONS :

☀ ☁ 🌧 ⛅
☐ ☐ ☐ ☐

🌡 HOT 🌡 MIDL 🌡 CLOUD
☐ ☐ ☐

😀 🙂 ☹
☐ ☐ ☐

◯ SALT ◯ FRESH ◯ SHORE ◯ BOAT ◯ DEEP ◯ NIGHT

DIVE DATA :

TIME IN : .... TIME OUT : ....

MAX DEPTH : ....

BAR/PS : .... BAR/PS : ....

TIME OUT : .... TOTAL TIME : ....

VERIFICATION

VERIFICATION SIGNATURE :

☐ INSTRUCTOR ☐ DIVEMASTER ☐ BUDDY

NOTES

....
....
....
....
....
....
....
....

DATE :	
DIVE # :	
COUNTRY :	
LOCATION :	
VISIBILITY :	
WEIGHT :	
CURRENT :	

CONDITIONS :

☀️	☁️	🌧️	⛅
☐	☐	☐	☐

HOT	MIDL	CLOUD
☐	☐	☐

😃	🙂	☹️
☐	☐	☐

○ SALT   ○ FRESH   ○ SHORE   ○ BOAT   ○ DEEP   ○ NIGHT

DIVE DATA :

TIME IN : ....   TIME OUT : ....

MAX DEPTH : ....

BAR/PS : ....   BAR/PS : ....

TIME OUT : ....   TOTAL TIME : ....

VERIFICATION

VERIFICATION SIGNATURE :

☐ INSTRUCTOR   ☐ DIVEMASTER   ☐ BUDDY

NOTES

DATE :	
DIVE # :	
COUNTRY :	
LOCATION :	
VISIBILITY :	
WEIGHT :	
CURRENT :	

CONDITIONS :

☀ ☐	☁ ☐	🌧 ☐	⛅ ☐
HOT ☐	MIDL ☐	CLOUD ☐	
😀 ☐	🙂 ☐	☹ ☐	

○ SALT   ○ FRESH   ○ SHORE   ○ BOAT   ○ DEEP   ○ NIGHT

DIVE DATA :

TIME IN : ....

TIME OUT : ....

MAX DEPTH : ....

BAR/PS : ....

BAR/PS : ....

TIME OUT : ....

TOTAL TIME : ....

VERIFICATION

VERIFICATION SIGNATURE :

NOTES

☐ INSTRUCTOR   ☐ DIVEMASTER   ☐ BUDDY

DATE :	
DIVE # :	
COUNTRY :	
LOCATION :	
VISIBILITY :	
WEIGHT :	
CURRENT :	

CONDITIONS :

☀ ☁ 🌧 ⛅
☐ ☐ ☐ ☐

HOT MIDL CLOUD
☐   ☐   ☐

😃   🙂   ☹
☐   ☐   ☐

○ SALT ○ FRESH ○ SHORE ○ BOAT ○ DEEP ○ NIGHT

DIVE DATA :

TIME IN : .... TIME OUT : ....

MAX DEPTH : ....

BAR/PS : .... BAR/PS : ....

TIME OUT : .... TOTAL TIME : ....

VERIFICATION

VERIFICATION SIGNATURE :

☐ INSTRUCTOR   ☐ DIVEMASTER   ☐ BUDDY

NOTES

....
....
....
....
....
....
....

DATE :	
DIVE # :	
COUNTRY :	
LOCATION :	
VISIBILITY :	
WEIGHT :	
CURRENT :	

CONDITIONS :

☀ ☐   ☁ ☐   🌧 ☐   ⛅ ☐

HOT ☐   MIDL ☐   CLOUD ☐

😃 ☐   🙂 ☐   ☹ ☐

○ SALT   ○ FRESH   ○ SHORE   ○ BOAT   ○ DEEP   ○ NIGHT

DIVE DATA :

TIME IN : ....

TIME OUT : ....

MAX DEPTH : ....

BAR/PS : ....

BAR/PS : ....

TIME OUT : ....

TOTAL TIME : ....

VERIFICATION

VERIFICATION SIGNATURE :

○ INSTRUCTOR   ○ DIVEMASTER   ○ BUDDY

NOTES

DATE :	
DIVE # :	
COUNTRY :	
LOCATION :	
VISIBILITY :	
WEIGHT :	
CURRENT :	

CONDITIONS :

☀ ☁ 🌧 ⛅
☐ ☐ ☐ ☐

HOT   MIDL   CLOUD
☐   ☐   ☐

😃   🙂   ☹
☐   ☐   ☐

○ SALT ○ FRESH ○ SHORE ○ BOAT ○ DEEP ○ NIGHT

DIVE DATA :

TIME IN : ....   TIME OUT : ....

MAX DEPTH : ....

BAR/PS : ....   BAR/PS : ....

TIME OUT : ....   TOTAL TIME : ....

VERIFICATION

VERIFICATION SIGNATURE :

NOTES

....
....
....
....
....
....
....

☐ INSTRUCTOR   ☐ DIVEMASTER   ☐ BUDDY

DATE :	
DIVE # :	
COUNTRY :	
LOCATION :	
VISIBILITY :	
WEIGHT :	
CURRENT :	

CONDITIONS :

☀ ☁ 🌧 ⛅
☐ ☐ ☐ ☐

HOT   MIDL   CLOUD
☐   ☐   ☐

😀 🙂 ☹
☐ ☐ ☐

○ SALT   ○ FRESH   ○ SHORE   ○ BOAT   ○ DEEP   ○ NIGHT

DIVE DATA :

TIME IN : ....   TIME OUT : ....

MAX DEPTH : ....

BAR/PS : ....   BAR/PS : ....

TIME OUT : ....   TOTAL TIME : ....

VERIFICATION

VERIFICATION SIGNATURE :

NOTES

....
....
....
....
....
....
....
....

○ INSTRUCTOR   ○ DIVEMASTER   ○ BUDDY

DATE :	
DIVE # :	
COUNTRY :	
LOCATION :	
VISIBILITY :	
WEIGHT :	
CURRENT :	

CONDITIONS :

☀ ☁ 🌧 ⛅
☐ ☐ ☐ ☐

HOT   MIDL   CLOUD
☐   ☐   ☐

😀 🙂 ☹
☐ ☐ ☐

○ SALT   ○ FRESH   ○ SHORE   ○ BOAT   ○ DEEP   ○ NIGHT

DIVE DATA :

TIME IN : ....   TIME OUT : ....

MAX DEPTH : ....

BAR/PS : ....   BAR/PS : ....

TIME OUT : ....   TOTAL TIME : ....

VERIFICATION

VERIFICATION SIGNATURE :

☐ INSTRUCTOR   ☐ DIVEMASTER   ☐ BUDDY

NOTES

DATE :
DIVE # :
COUNTRY :
LOCATION :
VISIBILITY :
WEIGHT :
CURRENT :

CONDITIONS :

☀	☁	🌧	⛅
☐	☐	☐	☐
HOT	MIDL		CLOUD
☐	☐		☐
😄	🙂		☹
☐	☐		☐

○ SALT ○ FRESH ○ SHORE ○ BOAT ○ DEEP ○ NIGHT

DIVE DATA :

TIME IN : .... TIME OUT : ....

MAX DEPTH : ....

BAR/PS : .... BAR/PS : ....

TIME OUT : .... TOTAL TIME : ....

VERIFICATION

VERIFICATION SIGNATURE :

☐ INSTRUCTOR ☐ DIVEMASTER ☐ BUDDY

NOTES

....
....
....
....
....
....
....
....

DATE :	**CONDITIONS :**
DIVE # :	☀ ☁ 🌧 ⛅
COUNTRY :	☐ ☐ ☐ ☐
LOCATION :	HOT MIDL CLOUD
VISIBILITY :	☐ ☐ ☐
WEIGHT :	😀 ☺ ☹
CURRENT :	☐ ☐ ☐

◯ SALT ◯ FRESH ◯ SHORE ◯ BOAT ◯ DEEP ◯ NIGHT

DIVE DATA :

TIME IN : .... TIME OUT : ....

MAX DEPTH : ....

BAR/PS : .... BAR/PS : ....

TIME OUT : .... TOTAL TIME : ....

VERIFICATION

VERIFICATION SIGNATURE :

☐ INSTRUCTOR ☐ DIVEMASTER ☐ BUDDY

NOTES

....
....
....
....
....
....
....
....

DATE :	**CONDITIONS :**
DIVE # :	☀ ☁ 🌧 ⛅
COUNTRY :	☐ ☐ ☐ ☐
LOCATION :	HOT MIDL CLOUD
VISIBILITY :	☐ ☐ ☐
WEIGHT :	😀 🙂 ☹
CURRENT :	☐ ☐ ☐

○ SALT ○ FRESH ○ SHORE ○ BOAT ○ DEEP ○ NIGHT

DIVE DATA :

TIME IN : ....   TIME OUT : ....

MAX DEPTH : ....

BAR/PS : ....   BAR/PS : ....

TIME OUT : ....   TOTAL TIME : ....

VERIFICATION	NOTES
VERIFICATION SIGNATURE :	....
	....
	....
	....
	....
	....
	....
☐ INSTRUCTOR ☐ DIVEMASTER ☐ BUDDY	

DATE :	
DIVE # :	
COUNTRY :	
LOCATION :	
VISIBILITY :	
WEIGHT :	
CURRENT :	

CONDITIONS :

☀ ☁ 🌧 ⛅
☐ ☐ ☐ ☐

HOT MIDL CLOUD
☐   ☐   ☐

😄   🙂   ☹
☐   ☐   ☐

○ SALT ○ FRESH ○ SHORE ○ BOAT ○ DEEP ○ NIGHT

DIVE DATA :

TIME IN : .... TIME OUT : ....

MAX DEPTH : ....

BAR/PS : .... BAR/PS : ....

TIME OUT : .... TOTAL TIME : ....

VERIFICATION

VERIFICATION SIGNATURE :

☐ INSTRUCTOR ☐ DIVEMASTER ☐ BUDDY

NOTES

....
....
....
....
....
....
....
....

DATE :	
DIVE # :	
COUNTRY :	
LOCATION :	
VISIBILITY :	
WEIGHT :	
CURRENT :	

CONDITIONS :

☀ ☁ 🌧 ⛅
☐ ☐ ☐ ☐

HOT MIDL CLOUD
☐   ☐   ☐

😀 🙂 ☹
☐ ☐ ☐

◯ SALT ◯ FRESH ◯ SHORE ◯ BOAT ◯ DEEP ◯ NIGHT

DIVE DATA :

TIME IN : .... TIME OUT : ....

MAX DEPTH : ....

BAR/PS : .... BAR/PS : ....

TIME OUT : .... TOTAL TIME : ....

VERIFICATION

VERIFICATION SIGNATURE :

◯ INSTRUCTOR ◯ DIVEMASTER ◯ BUDDY

NOTES

DATE :
DIVE # :
COUNTRY :
LOCATION :
VISIBILITY :
WEIGHT :
CURRENT :

CONDITIONS :

☀ ☁ 🌧 ⛅
☐ ☐ ☐ ☐

HOT   MIDL   CLOUD
☐   ☐   ☐

😀 🙂 ☹
☐ ☐ ☐

○ SALT ○ FRESH ○ SHORE ○ BOAT ○ DEEP ○ NIGHT

DIVE DATA :

TIME IN : ....   TIME OUT : ....

MAX DEPTH : ....

BAR/PS : ....   BAR/PS : ....

TIME OUT : ....   TOTAL TIME : ....

VERIFICATION

VERIFICATION SIGNATURE :

☐ INSTRUCTOR   ☐ DIVEMASTER   ☐ BUDDY

NOTES

....
....
....
....
....
....
....
....

DATE :	
DIVE # :	
COUNTRY :	
LOCATION :	
VISIBILITY :	
WEIGHT :	
CURRENT :	

CONDITIONS :

☀ ☁ 🌧 ⛅
☐ ☐ ☐ ☐

HOT   MIDL   CLOUD
☐   ☐   ☐

😃   🙂   ☹
☐   ☐   ☐

◯ SALT ◯ FRESH ◯ SHORE ◯ BOAT ◯ DEEP ◯ NIGHT

DIVE DATA :

TIME IN : ....   TIME OUT : ....

MAX DEPTH : ....

BAR/PS : ....   BAR/PS : ....

TIME OUT : ....   TOTAL TIME : ....

VERIFICATION

VERIFICATION SIGNATURE :

☐ INSTRUCTOR   ☐ DIVEMASTER   ☐ BUDDY

NOTES

....
....
....
....
....
....
....
....

DATE :	**CONDITIONS :**
DIVE # :	☀️ ☁️ 🌧️ ⛅
COUNTRY :	☐ ☐ ☐ ☐
LOCATION :	HOT MIDL CLOUD
VISIBILITY :	☐ ☐ ☐
WEIGHT :	😀 🙂 ☹️
CURRENT :	☐ ☐ ☐

◯ SALT ◯ FRESH ◯ SHORE ◯ BOAT ◯ DEEP ◯ NIGHT

DIVE DATA :

TIME IN : ....   TIME OUT : ....

MAX DEPTH : ....

BAR/PS : ....   BAR/PS : ....

TIME OUT : ....   TOTAL TIME : ....

VERIFICATION

VERIFICATION SIGNATURE :

☐ INSTRUCTOR ☐ DIVEMASTER ☐ BUDDY

NOTES

....
....
....
....
....
....
....

DATE :	
DIVE # :	
COUNTRY :	
LOCATION :	
VISIBILITY :	
WEIGHT :	
CURRENT :	

CONDITIONS :

☀ ☁ 🌧 ⛅
☐ ☐ ☐ ☐

HOT   MIDL   CLOUD
☐   ☐   ☐

😀 🙂 ☹
☐ ☐ ☐

○ SALT ○ FRESH ○ SHORE ○ BOAT ○ DEEP ○ NIGHT

DIVE DATA :

TIME IN : ....   TIME OUT : ....

MAX DEPTH : ....

BAR/PS : ....   BAR/PS : ....

TIME OUT : ....   TOTAL TIME : ....

VERIFICATION

VERIFICATION SIGNATURE :

☐ INSTRUCTOR   ☐ DIVEMASTER   ☐ BUDDY

NOTES

....
....
....
....
....
....
....

DATE :	**CONDITIONS :**
DIVE # :	☀ ☁ 🌧 ⛅
COUNTRY :	☐ ☐ ☐ ☐
LOCATION :	HOT MIDL CLOUD
VISIBILITY :	☐ ☐ ☐
WEIGHT :	😀 🙂 ☹
CURRENT :	☐ ☐ ☐

◯ SALT ◯ FRESH ◯ SHORE ◯ BOAT ◯ DEEP ◯ NIGHT

DIVE DATA :

TIME IN : .... TIME OUT : ....

MAX DEPTH : ....

BAR/PS : .... BAR/PS : ....

TIME OUT : .... TOTAL TIME : ....

VERIFICATION

VERIFICATION SIGNATURE :

☐ INSTRUCTOR   ☐ DIVEMASTER   ☐ BUDDY

NOTES

DATE :	
DIVE # :	
COUNTRY :	
LOCATION :	
VISIBILITY :	
WEIGHT :	
CURRENT :	

CONDITIONS :

☀ ☁ 🌧 ⛅
☐ ☐ ☐ ☐

HOT   MIDL   CLOUD
☐   ☐   ☐

😀   🙂   ☹
☐   ☐   ☐

○ SALT   ○ FRESH   ○ SHORE   ○ BOAT   ○ DEEP   ○ NIGHT

DIVE DATA :

TIME IN : ....   TIME OUT : ....

MAX DEPTH : ....

BAR/PS : ....   BAR/PS : ....

TIME OUT : ....   TOTAL TIME : ....

VERIFICATION

VERIFICATION SIGNATURE :

○ INSTRUCTOR   ○ DIVEMASTER   ○ BUDDY

NOTES

....
....
....
....
....
....
....
....

DATE :	
DIVE # :	
COUNTRY :	
LOCATION :	
VISIBILITY :	
WEIGHT :	
CURRENT :	

CONDITIONS :

☀️ ☁️ 🌧️ ⛅
☐ ☐ ☐ ☐

HOT   MIDL   CLOUD
☐   ☐   ☐

😃   🙂   ☹️
☐   ☐   ☐

○ SALT ○ FRESH ○ SHORE ○ BOAT ○ DEEP ○ NIGHT

DIVE DATA :

TIME IN : ....   TIME OUT : ....

MAX DEPTH : ....

BAR/PS : ....   BAR/PS : ....

TIME OUT : ....   TOTAL TIME : ....

VERIFICATION

VERIFICATION SIGNATURE :

☐ INSTRUCTOR   ☐ DIVEMASTER   ☐ BUDDY

NOTES

....
....
....
....
....
....
....

DATE :

DIVE # :

COUNTRY :

LOCATION :

VISIBILITY :

WEIGHT :

CURRENT :

CONDITIONS :

☀ ☁ 🌧 ⛅
☐ ☐ ☐ ☐

HOT   MIDL   CLOUD
☐   ☐   ☐

😄   🙂   ☹
☐   ☐   ☐

○ SALT   ○ FRESH   ○ SHORE   ○ BOAT   ○ DEEP   ○ NIGHT

DIVE DATA :

TIME IN : ....   TIME OUT : ....

MAX DEPTH : ....

BAR/PS : ....   BAR/PS : ....

TIME OUT : ....   TOTAL TIME : ....

VERIFICATION

VERIFICATION SIGNATURE :

○ INSTRUCTOR   ○ DIVEMASTER   ○ BUDDY

NOTES

DATE :	
DIVE # :	
COUNTRY :	
LOCATION :	
VISIBILITY :	
WEIGHT :	
CURRENT :	

CONDITIONS :

☀ ☁ 🌧 ⛅
☐ ☐ ☐ ☐

HOT   MIDL   CLOUD
☐   ☐   ☐

😃   🙂   ☹
☐   ☐   ☐

○ SALT   ○ FRESH   ○ SHORE   ○ BOAT   ○ DEEP   ○ NIGHT

DIVE DATA :

TIME IN : ....   TIME OUT : ....

MAX DEPTH : ....

BAR/PS : ....   BAR/PS : ....

TIME OUT : ....   TOTAL TIME : ....

VERIFICATION

VERIFICATION SIGNATURE :

☐ INSTRUCTOR   ☐ DIVEMASTER   ☐ BUDDY

NOTES

....
....
....
....
....
....
....

DATE :	
DIVE # :	
COUNTRY :	
LOCATION :	
VISIBILITY :	
WEIGHT :	
CURRENT :	

CONDITIONS :

☀ ☁ 🌧 ⛅
☐ ☐ ☐ ☐

HOT MIDL CLOUD
☐   ☐   ☐

☺ 🙂 ☹
☐ ☐ ☐

○ SALT ○ FRESH ○ SHORE ○ BOAT ○ DEEP ○ NIGHT

DIVE DATA :

TIME IN : .... TIME OUT : ....

MAX DEPTH : ....

BAR/PS : .... BAR/PS : ....

TIME OUT : .... TOTAL TIME : ....

VERIFICATION

VERIFICATION SIGNATURE :

NOTES

....
....
....
....
....
....
....
....

☐ INSTRUCTOR   ☐ DIVEMASTER   ☐ BUDDY

DATE :	
DIVE # :	
COUNTRY :	
LOCATION :	
VISIBILITY :	
WEIGHT :	
CURRENT :	

CONDITIONS :

☀ ☁ 🌧 ⛅
☐ ☐ ☐ ☐

HOT MIDL CLOUD
☐   ☐   ☐

😄   🙂   ☹
☐   ☐   ☐

○ SALT ○ FRESH ○ SHORE ○ BOAT ○ DEEP ○ NIGHT

DIVE DATA :

TIME IN : ....   TIME OUT : ....

MAX DEPTH : ....

BAR/PS : ....   BAR/PS : ....

TIME OUT : ....   TOTAL TIME : ....

VERIFICATION

VERIFICATION SIGNATURE :

☐ INSTRUCTOR   ☐ DIVEMASTER   ☐ BUDDY

NOTES

....
....
....
....
....
....
....
....

DATE :	
DIVE # :	
COUNTRY :	
LOCATION :	
VISIBILITY :	
WEIGHT :	
CURRENT :	

CONDITIONS :

☀ ☁ 🌧 ⛅
☐ ☐ ☐ ☐

HOT   MIDL   CLOUD
☐   ☐   ☐

😀   🙂   ☹
☐   ☐   ☐

○ SALT   ○ FRESH   ○ SHORE   ○ BOAT   ○ DEEP   ○ NIGHT

DIVE DATA :

TIME IN : ....   TIME OUT : ....

MAX DEPTH : ....

BAR/PS : ....   BAR/PS : ....

TIME OUT : ....   TOTAL TIME : ....

VERIFICATION	NOTES
VERIFICATION SIGNATURE :	....
	....
	....
	....
	....
	....
	....
	....
○ INSTRUCTOR ○ DIVEMASTER ○ BUDDY	

DATE :	
DIVE # :	
COUNTRY :	
LOCATION :	
VISIBILITY :	
WEIGHT :	
CURRENT :	

CONDITIONS :

☀ ☁ ☔ ⛅
☐ ☐ ☐ ☐

HOT MIDL CLOUD
☐   ☐   ☐

😃 🙂 ☹
☐   ☐   ☐

○ SALT   ○ FRESH   ○ SHORE   ○ BOAT   ○ DEEP   ○ NIGHT

DIVE DATA :

TIME IN : ....   TIME OUT : ....

MAX DEPTH : ....

BAR/PS : ....   BAR/PS : ....

TIME OUT : ....   TOTAL TIME : ....

VERIFICATION

VERIFICATION SIGNATURE :

☐ INSTRUCTOR   ☐ DIVEMASTER   ☐ BUDDY

NOTES

....
....
....
....
....
....
....

DATE :	
DIVE # :	
COUNTRY :	
LOCATION :	
VISIBILITY :	
WEIGHT :	
CURRENT :	

CONDITIONS :

☀ ☁ 🌧 ⛅
☐ ☐ ☐ ☐

HOT MIDL CLOUD
☐ ☐ ☐

😃 🙂 ☹
☐ ☐ ☐

○ SALT   ○ FRESH   ○ SHORE   ○ BOAT   ○ DEEP   ○ NIGHT

DIVE DATA :

TIME IN : ....   TIME OUT : ....

MAX DEPTH : ....

BAR/PS : ....   BAR/PS : ....

TIME OUT : ....   TOTAL TIME : ....

VERIFICATION

VERIFICATION SIGNATURE :

☐ INSTRUCTOR   ☐ DIVEMASTER   ☐ BUDDY

NOTES

....
....
....
....
....
....
....
....

DATE :	
DIVE # :	
COUNTRY :	
LOCATION :	
VISIBILITY :	
WEIGHT :	
CURRENT :	

CONDITIONS :

☀ ☁ 🌧 ⛅
☐ ☐ ☐ ☐

HOT MIDL CLOUD
☐   ☐   ☐

😀   🙂   🙁
☐   ☐   ☐

○ SALT ○ FRESH ○ SHORE ○ BOAT ○ DEEP ○ NIGHT

DIVE DATA :

TIME IN : ....   TIME OUT : ....

MAX DEPTH : ....

BAR/PS : ....   BAR/PS : ....

TIME OUT : ....   TOTAL TIME : ....

VERIFICATION

VERIFICATION SIGNATURE :

☐ INSTRUCTOR ☐ DIVEMASTER ☐ BUDDY

NOTES

....
....
....
....
....
....
....

DATE :	**CONDITIONS :**
DIVE # :	☀️ ☁️ 🌧️ ⛅
COUNTRY :	□ □ □ □
LOCATION :	HOT MIDL CLOUD
VISIBILITY :	□ □ □
WEIGHT :	😀 🙂 ☹️
CURRENT :	□ □ □

○ SALT   ○ FRESH   ○ SHORE   ○ BOAT   ○ DEEP   ○ NIGHT

DIVE DATA :

TIME IN : ....   TIME OUT : ....

MAX DEPTH : ....

BAR/PS : ....   BAR/PS : ....

TIME OUT : ....   TOTAL TIME : ....

VERIFICATION

VERIFICATION SIGNATURE :

NOTES

....
....
....
....
....
....
....

☐ INSTRUCTOR   ☐ DIVEMASTER   ☐ BUDDY

DATE :	
DIVE # :	
COUNTRY :	
LOCATION :	
VISIBILITY :	
WEIGHT :	
CURRENT :	

CONDITIONS :

☀ ☁ 🌧 ⛅
☐ ☐ ☐ ☐

HOT   MIDL   CLOUD
☐   ☐   ☐

😀   🙂   ☹
☐   ☐   ☐

○ SALT   ○ FRESH   ○ SHORE   ○ BOAT   ○ DEEP   ○ NIGHT

DIVE DATA :

TIME IN : ....   TIME OUT : ....

MAX DEPTH : ....

BAR/PS : ....   BAR/PS : ....

TIME OUT : ....   TOTAL TIME : ....

VERIFICATION

VERIFICATION SIGNATURE :

○ INSTRUCTOR   ○ DIVEMASTER   ○ BUDDY

NOTES

....
....
....
....
....
....
....
....

DATE :
DIVE # :
COUNTRY :
LOCATION :
VISIBILITY :
WEIGHT :
CURRENT :

CONDITIONS :

☀ ☁ 🌧 ⛅
☐ ☐ ☐ ☐

HOT — MIDL — CLOUD
☐ ☐ ☐

😀 🙂 ☹
☐ ☐ ☐

○ SALT   ○ FRESH   ○ SHORE   ○ BOAT   ○ DEEP   ○ NIGHT

DIVE DATA :

TIME IN : ....   TIME OUT : ....

MAX DEPTH : ....

BAR/PS : ....   BAR/PS : ....

TIME OUT : ....   TOTAL TIME : ....

VERIFICATION

VERIFICATION SIGNATURE :

○ INSTRUCTOR   ○ DIVEMASTER   ○ BUDDY

NOTES

DATE :	
DIVE # :	
COUNTRY :	
LOCATION :	
VISIBILITY :	
WEIGHT :	
CURRENT :	

CONDITIONS :

☀ ☁ 🌧 ⛅
☐ ☐ ☐ ☐

HOT   MIDL   CLOUD
☐   ☐   ☐

😀   🙂   ☹
☐   ☐   ☐

○ SALT ○ FRESH ○ SHORE ○ BOAT ○ DEEP ○ NIGHT

DIVE DATA :

TIME IN : ....   TIME OUT : ....

MAX DEPTH : ....

BAR/PS : ....   BAR/PS : ....

TIME OUT : ....   TOTAL TIME : ....

VERIFICATION

VERIFICATION SIGNATURE :

☐ INSTRUCTOR   ☐ DIVEMASTER   ☐ BUDDY

NOTES

DATE :

DIVE # :

COUNTRY :

LOCATION :

VISIBILITY :

WEIGHT :

CURRENT :

CONDITIONS :

☀ ☁ 🌧 ⛅
☐ ☐ ☐ ☐

HOT   MIDL   CLOUD
☐   ☐   ☐

😃   🙂   ☹
☐   ☐   ☐

○ SALT   ○ FRESH   ○ SHORE   ○ BOAT   ○ DEEP   ○ NIGHT

DIVE DATA :

TIME IN : ....   TIME OUT : ....

MAX DEPTH : ....

BAR/PS : ....   BAR/PS : ....

TIME OUT : ....   TOTAL TIME : ....

VERIFICATION

VERIFICATION SIGNATURE :

☐ INSTRUCTOR   ☐ DIVEMASTER   ☐ BUDDY

NOTES

DATE :
DIVE # :
COUNTRY :
LOCATION :
VISIBILITY :
WEIGHT :
CURRENT :

CONDITIONS :

☀ ☁ 🌧 ⛅
☐ ☐ ☐ ☐

HOT   MIDL   CLOUD
☐   ☐   ☐

😀 ☺ ☹
☐ ☐ ☐

○ SALT   ○ FRESH   ○ SHORE   ○ BOAT   ○ DEEP   ○ NIGHT

DIVE DATA :

TIME IN : ....   TIME OUT : ....

MAX DEPTH : ....

BAR/PS : ....   BAR/PS : ....

TIME OUT : ....   TOTAL TIME : ....

VERIFICATION

VERIFICATION SIGNATURE :

☐ INSTRUCTOR   ☐ DIVEMASTER   ☐ BUDDY

NOTES

....
....
....
....
....
....
....
....

DATE :	
DIVE # :	
COUNTRY :	
LOCATION :	
VISIBILITY :	
WEIGHT :	
CURRENT :	

CONDITIONS :

☀ ☁ 🌧 ⛅
☐ ☐ ☐ ☐

HOT   MIDL   CLOUD
☐   ☐   ☐

😀   🙂   ☹
☐   ☐   ☐

○ SALT ○ FRESH ○ SHORE ○ BOAT ○ DEEP ○ NIGHT

DIVE DATA :

TIME IN : ....   TIME OUT : ....

MAX DEPTH : ....

BAR/PS : ....   BAR/PS : ....

TIME OUT : ....   TOTAL TIME : ....

VERIFICATION

VERIFICATION SIGNATURE :

NOTES

....
....
....
....
....
....
....
....

☐ INSTRUCTOR ☐ DIVEMASTER ☐ BUDDY

DATE :	
DIVE # :	
COUNTRY :	
LOCATION :	
VISIBILITY :	
WEIGHT :	
CURRENT :	

CONDITIONS :

☀ ☁ 🌧 ⛅
☐ ☐ ☐ ☐

HOT   MIDL   CLOUD
☐   ☐   ☐

😀   🙂   🙁
☐   ☐   ☐

○ SALT   ○ FRESH   ○ SHORE   ○ BOAT   ○ DEEP   ○ NIGHT

DIVE DATA :

TIME IN : .... TIME OUT : ....

MAX DEPTH : ....

BAR/PS : .... BAR/PS : ....

TIME OUT : .... TOTAL TIME : ....

VERIFICATION

VERIFICATION SIGNATURE :

☐ INSTRUCTOR   ☐ DIVEMASTER   ☐ BUDDY

NOTES

....
....
....
....
....
....
....
....

DATE :	
DIVE # :	
COUNTRY :	
LOCATION :	
VISIBILITY :	
WEIGHT :	
CURRENT :	

CONDITIONS :

☀ ☁ 🌧 ⛅
☐ ☐ ☐ ☐

HOT · MIDL · CLOUD
☐ ☐ ☐

😃 🙂 ☹
☐ ☐ ☐

○ SALT ○ FRESH ○ SHORE ○ BOAT ○ DEEP ○ NIGHT

DIVE DATA :

TIME IN : .... TIME OUT : ....

MAX DEPTH : ....

BAR/PS : .... BAR/PS : ....

TIME OUT : .... TOTAL TIME : ....

VERIFICATION

VERIFICATION SIGNATURE :

☐ INSTRUCTOR ☐ DIVEMASTER ☐ BUDDY

NOTES

....
....
....
....
....
....
....
....

DATE :	
DIVE # :	
COUNTRY :	
LOCATION :	
VISIBILITY :	
WEIGHT :	
CURRENT :	

CONDITIONS :

☀ ☁ 🌧 ⛅
☐ ☐ ☐ ☐

HOT MIDL CLOUD
☐   ☐   ☐

😃 🙂 ☹
☐ ☐ ☐

○ SALT   ○ FRESH   ○ SHORE   ○ BOAT   ○ DEEP   ○ NIGHT

DIVE DATA :

TIME IN : ....   TIME OUT : ....

MAX DEPTH : ....

BAR/PS : ....   BAR/PS : ....

TIME OUT : ....   TOTAL TIME : ....

VERIFICATION

VERIFICATION SIGNATURE :

☐ INSTRUCTOR   ☐ DIVEMASTER   ☐ BUDDY

NOTES

DATE :	**CONDITIONS :**
DIVE # :	☀ ☁ 🌧 ⛅
COUNTRY :	☐ ☐ ☐ ☐
LOCATION :	HOT MIDL CLOUD
VISIBILITY :	☐ ☐ ☐
WEIGHT :	😃 🙂 ☹
CURRENT :	☐ ☐ ☐

◯ SALT ◯ FRESH ◯ SHORE ◯ BOAT ◯ DEEP ◯ NIGHT

DIVE DATA :

TIME IN : ....   TIME OUT : ....

MAX DEPTH : ....

BAR/PS : ....   BAR/PS : ....

TIME OUT : ....   TOTAL TIME : ....

VERIFICATION	NOTES
VERIFICATION SIGNATURE :	....
	....
	....
	....
	....
	....
	....
☐ INSTRUCTOR ☐ DIVEMASTER ☐ BUDDY	

DATE :	
DIVE # :	
COUNTRY :	
LOCATION :	
VISIBILITY :	
WEIGHT :	
CURRENT :	

CONDITIONS :

☀ ☁ 🌧 ⛅
☐ ☐ ☐ ☐

HOT MIDL CLOUD
☐ ☐ ☐

😀 🙂 ☹
☐ ☐ ☐

○ SALT ○ FRESH ○ SHORE ○ BOAT ○ DEEP ○ NIGHT

DIVE DATA :

TIME IN : .... TIME OUT : ....

MAX DEPTH : ....

BAR/PS : .... BAR/PS : ....

TIME OUT : .... TOTAL TIME : ....

VERIFICATION

VERIFICATION SIGNATURE :

NOTES

....
....
....
....
....
....
....

☐ INSTRUCTOR   ☐ DIVEMASTER   ☐ BUDDY

DATE :	
DIVE # :	
COUNTRY :	
LOCATION :	
VISIBILITY :	
WEIGHT :	
CURRENT :	

CONDITIONS :

☀ ☁ 🌧 ⛅
☐ ☐ ☐ ☐

HOT   MIDL   CLOUD
☐   ☐   ☐

😀 🙂 ☹
☐ ☐ ☐

○ SALT ○ FRESH ○ SHORE ○ BOAT ○ DEEP ○ NIGHT

DIVE DATA :

TIME IN : ....   TIME OUT : ....

MAX DEPTH : ....

BAR/PS : ....   BAR/PS : ....

TIME OUT : ....   TOTAL TIME : ....

VERIFICATION

VERIFICATION SIGNATURE :

☐ INSTRUCTOR   ☐ DIVEMASTER   ☐ BUDDY

NOTES

DATE :	
DIVE # :	
COUNTRY :	
LOCATION :	
VISIBILITY :	
WEIGHT :	
CURRENT :	

CONDITIONS :

☀️	☁️	🌧️	⛅
☐	☐	☐	☐
HOT	MIDL		CLOUD
☐	☐		☐
😃	🙂		☹️
☐	☐		☐

○ SALT   ○ FRESH   ○ SHORE   ○ BOAT   ○ DEEP   ○ NIGHT

DIVE DATA :

TIME IN : ....   TIME OUT : ....

MAX DEPTH : ....

BAR/PS : ....   BAR/PS : ....

TIME OUT : ....   TOTAL TIME : ....

VERIFICATION

VERIFICATION SIGNATURE :

☐ INSTRUCTOR   ☐ DIVEMASTER   ☐ BUDDY

NOTES

....
....
....
....
....
....
....
....

DATE :	
DIVE # :	
COUNTRY :	
LOCATION :	
VISIBILITY :	
WEIGHT :	
CURRENT :	

CONDITIONS :

☀ ☁ 🌧 ⛅
☐ ☐ ☐ ☐

HOT   MIDL   CLOUD
☐   ☐   ☐

😄 🙂 ☹
☐ ☐ ☐

○ SALT ○ FRESH ○ SHORE ○ BOAT ○ DEEP ○ NIGHT

DIVE DATA :

TIME IN : ....   TIME OUT : ....

MAX DEPTH : ....

BAR/PS : ....   BAR/PS : ....

TIME OUT : ....   TOTAL TIME : ....

VERIFICATION

VERIFICATION SIGNATURE :

○ INSTRUCTOR   ○ DIVEMASTER   ○ BUDDY

NOTES

....
....
....
....
....
....
....
....

DATE :	
DIVE # :	
COUNTRY :	
LOCATION :	
VISIBILITY :	
WEIGHT :	
CURRENT :	

CONDITIONS :

☀ ☁ 🌧 ⛅
☐ ☐ ☐ ☐

HOT MIDL CLOUD
☐   ☐   ☐

😃   🙂   ☹
☐   ☐   ☐

○ SALT   ○ FRESH   ○ SHORE   ○ BOAT   ○ DEEP   ○ NIGHT

DIVE DATA :

TIME IN : ....   TIME OUT : ....

MAX DEPTH : ....

BAR/PS : ....   BAR/PS : ....

TIME OUT : ....   TOTAL TIME : ....

VERIFICATION

VERIFICATION SIGNATURE :

☐ INSTRUCTOR   ☐ DIVEMASTER   ☐ BUDDY

NOTES

....
....
....
....
....
....
....
....

DATE :	
DIVE # :	
COUNTRY :	
LOCATION :	
VISIBILITY :	
WEIGHT :	
CURRENT :	

CONDITIONS :

☀ ☁ 🌧 ⛅
☐ ☐ ☐ ☐

HOT   MIDL   CLOUD
☐   ☐   ☐

😃   🙂   🙁
☐   ☐   ☐

○ SALT ○ FRESH ○ SHORE ○ BOAT ○ DEEP ○ NIGHT

DIVE DATA :

TIME IN : ....   TIME OUT : ....

MAX DEPTH : ....

BAR/PS : ....   BAR/PS : ....

TIME OUT : ....   TOTAL TIME : ....

VERIFICATION	NOTES
VERIFICATION SIGNATURE :	....
	....
	....
	....
	....
	....
	....
☐ INSTRUCTOR ☐ DIVEMASTER ☐ BUDDY	

DATE :	
DIVE # :	
COUNTRY :	
LOCATION :	
VISIBILITY :	
WEIGHT :	
CURRENT :	

CONDITIONS :

☀ ☁ 🌧 ⛅
☐ ☐ ☐ ☐

HOT   MIDL   CLOUD
☐   ☐   ☐

😃   🙂   🙁
☐   ☐   ☐

○ SALT   ○ FRESH   ○ SHORE   ○ BOAT   ○ DEEP   ○ NIGHT

DIVE DATA :

TIME IN : ....   TIME OUT : ....

MAX DEPTH : ....

BAR/PS : ....   BAR/PS : ....

TIME OUT : ....   TOTAL TIME : ....

VERIFICATION

VERIFICATION SIGNATURE :

NOTES

....
....
....
....
....
....
....

☐ INSTRUCTOR   ☐ DIVEMASTER   ☐ BUDDY

DATE :	**CONDITIONS :**
DIVE # :	☀ ☁ 🌧 ⛅
COUNTRY :	☐ ☐ ☐ ☐
LOCATION :	HOT MIDL CLOUD
VISIBILITY :	☐ ☐ ☐
WEIGHT :	😀 🙂 ☹
CURRENT :	☐ ☐ ☐

○ SALT ○ FRESH ○ SHORE ○ BOAT ○ DEEP ○ NIGHT

DIVE DATA :

TIME IN : .... TIME OUT : ....

MAX DEPTH : ....

BAR/PS : .... BAR/PS : ....

TIME OUT : .... TOTAL TIME : ....

VERIFICATION	NOTES
VERIFICATION SIGNATURE :	....
	....
	....
	....
	....
	....
	....
	....
☐ INSTRUCTOR ☐ DIVEMASTER ☐ BUDDY	

DATE :	
DIVE # :	
COUNTRY :	
LOCATION :	
VISIBILITY :	
WEIGHT :	
CURRENT :	

CONDITIONS :

☀ ☁ 🌧 ⛅
☐ ☐ ☐ ☐

HOT | MIDL | CLOUD
☐ | ☐ | ☐

😀 🙂 ☹
☐ ☐ ☐

○ SALT   ○ FRESH   ○ SHORE   ○ BOAT   ○ DEEP   ○ NIGHT

DIVE DATA :

TIME IN : ....   TIME OUT : ....

MAX DEPTH : ....

BAR/PS : ....   BAR/PS : ....

TIME OUT : ....   TOTAL TIME : ....

VERIFICATION

VERIFICATION SIGNATURE :

NOTES

....
....
....
....
....
....
....
....

☐ INSTRUCTOR   ☐ DIVEMASTER   ☐ BUDDY

DATE :	
DIVE # :	
COUNTRY :	
LOCATION :	
VISIBILITY :	
WEIGHT :	
CURRENT :	

CONDITIONS :

☀ ☁ 🌧 ⛅
☐ ☐ ☐ ☐

HOT MIDL CLOUD
☐   ☐   ☐

😀 🙂 ☹
☐ ☐ ☐

○ SALT ○ FRESH ○ SHORE ○ BOAT ○ DEEP ○ NIGHT

DIVE DATA :

TIME IN : ....

TIME OUT : ....

MAX DEPTH : ....

BAR/PS : ....

BAR/PS : ....

TIME OUT : ....

TOTAL TIME : ....

VERIFICATION

VERIFICATION SIGNATURE :

NOTES

....
....
....
....
....
....
....
....

☐ INSTRUCTOR   ☐ DIVEMASTER   ☐ BUDDY

DATE :	
DIVE # :	
COUNTRY :	
LOCATION :	
VISIBILITY :	
WEIGHT :	
CURRENT :	

CONDITIONS :

☀ ☁ 🌧 ⛅
☐ ☐ ☐ ☐

HOT   MIDL   CLOUD
☐   ☐   ☐

😀   🙂   ☹
☐   ☐   ☐

○ SALT   ○ FRESH   ○ SHORE   ○ BOAT   ○ DEEP   ○ NIGHT

DIVE DATA :

TIME IN : ....   TIME OUT : ....

MAX DEPTH : ....

BAR/PS : ....   BAR/PS : ....

TIME OUT : ....   TOTAL TIME : ....

VERIFICATION

VERIFICATION SIGNATURE :

☐ INSTRUCTOR   ☐ DIVEMASTER   ☐ BUDDY

NOTES

....
....
....
....
....
....
....

DATE :	**CONDITIONS :**
DIVE # :	☀ ☁ 🌧 ⛅
COUNTRY :	☐ ☐ ☐ ☐
LOCATION :	HOT MIDL CLOUD
VISIBILITY :	☐ ☐ ☐
WEIGHT :	😃 🙂 ☹
CURRENT :	☐ ☐ ☐

◯ SALT   ◯ FRESH   ◯ SHORE   ◯ BOAT   ◯ DEEP   ◯ NIGHT

DIVE DATA :

TIME IN : ....   TIME OUT : ....

MAX DEPTH : ....

BAR/PS : ....   BAR/PS : ....

TIME OUT : ....   TOTAL TIME : ....

VERIFICATION	NOTES
VERIFICATION SIGNATURE :	....

☐ INSTRUCTOR   ☐ DIVEMASTER   ☐ BUDDY

DATE :
DIVE # :
COUNTRY :
LOCATION :
VISIBILITY :
WEIGHT :
CURRENT :

CONDITIONS :

☀	☁	🌧	⛅
☐	☐	☐	☐

HOT	MIDL	CLOUD
☐	☐	☐

😄	🙂	☹
☐	☐	☐

◯ SALT ◯ FRESH ◯ SHORE ◯ BOAT ◯ DEEP ◯ NIGHT

DIVE DATA :

TIME IN : .... TIME OUT : ....

MAX DEPTH : ....

BAR/PS : .... BAR/PS : ....

TIME OUT : .... TOTAL TIME : ....

VERIFICATION

VERIFICATION SIGNATURE :

☐ INSTRUCTOR ☐ DIVEMASTER ☐ BUDDY

NOTES

....
....
....
....
....
....
....

DATE :	
DIVE # :	
COUNTRY :	
LOCATION :	
VISIBILITY :	
WEIGHT :	
CURRENT :	

CONDITIONS :

☀ ☁ 🌧 ⛅
☐ ☐ ☐ ☐

HOT MIDL CLOUD
☐ ☐ ☐

😃 🙂 ☹
☐ ☐ ☐

○ SALT ○ FRESH ○ SHORE ○ BOAT ○ DEEP ○ NIGHT

DIVE DATA :

TIME IN : .... TIME OUT : ....

MAX DEPTH : ....

BAR/PS : .... BAR/PS : ....

TIME OUT : .... TOTAL TIME : ....

VERIFICATION

VERIFICATION SIGNATURE :

☐ INSTRUCTOR ☐ DIVEMASTER ☐ BUDDY

NOTES

....
....
....
....
....
....
....

DATE :	
DIVE # :	
COUNTRY :	
LOCATION :	
VISIBILITY :	
WEIGHT :	
CURRENT :	

CONDITIONS :

☀ ☁ 🌧 ⛅
☐ ☐ ☐ ☐

HOT   MIDL   CLOUD
☐   ☐   ☐

😃   🙂   ☹
☐   ☐   ☐

○ SALT   ○ FRESH   ○ SHORE   ○ BOAT   ○ DEEP   ○ NIGHT

DIVE DATA :

TIME IN : .... TIME OUT : ....

MAX DEPTH : ....

BAR/PS : ....   BAR/PS : ....

TIME OUT : ....   TOTAL TIME : ....

VERIFICATION

VERIFICATION SIGNATURE :

○ INSTRUCTOR   ○ DIVEMASTER   ○ BUDDY

NOTES

DATE :	
DIVE # :	
COUNTRY :	
LOCATION :	
VISIBILITY :	
WEIGHT :	
CURRENT :	

CONDITIONS :

☀ ☁ 🌧 ⛅
☐ ☐ ☐ ☐

HOT   MIDL   CLOUD
☐   ☐   ☐

😄 🙂 ☹
☐ ☐ ☐

○ SALT ○ FRESH ○ SHORE ○ BOAT ○ DEEP ○ NIGHT

DIVE DATA :

TIME IN : .... TIME OUT : ....

MAX DEPTH : ....

BAR/PS : .... BAR/PS : ....

TIME OUT : .... TOTAL TIME : ....

VERIFICATION

VERIFICATION SIGNATURE :

NOTES

☐ INSTRUCTOR ☐ DIVEMASTER ☐ BUDDY

DATE :	
DIVE # :	
COUNTRY :	
LOCATION :	
VISIBILITY :	
WEIGHT :	
CURRENT :	

CONDITIONS :

☀ ☁ ☂ ⛅
☐ ☐ ☐ ☐

HOT MIDL CLOUD
☐   ☐   ☐

😄   🙂   🙁
☐   ☐   ☐

○ SALT ○ FRESH ○ SHORE ○ BOAT ○ DEEP ○ NIGHT

DIVE DATA :

TIME IN : ....   TIME OUT : ....

MAX DEPTH : ....

BAR/PS : ....   BAR/PS : ....

TIME OUT : ....   TOTAL TIME : ....

VERIFICATION

VERIFICATION SIGNATURE :

☐ INSTRUCTOR   ☐ DIVEMASTER   ☐ BUDDY

NOTES

....
....
....
....
....
....
....
....

DATE :	CONDITIONS :

- DIVE # :
- COUNTRY :
- LOCATION :
- VISIBILITY :
- WEIGHT :
- CURRENT :

Conditions: ☀ ☁ 🌧 ⛅
HOT ☐   MIDL ☐   CLOUD ☐
😀 ☐   🙂 ☐   ☹ ☐

○ SALT   ○ FRESH   ○ SHORE   ○ BOAT   ○ DEEP   ○ NIGHT

DIVE DATA :

TIME IN : .... TIME OUT : ....

MAX DEPTH : ....

BAR/PS : .... BAR/PS : ....

TIME OUT : .... TOTAL TIME : ....

VERIFICATION	NOTES
VERIFICATION SIGNATURE :	

☐ INSTRUCTOR   ☐ DIVEMASTER   ☐ BUDDY

DATE :	
DIVE # :	
COUNTRY :	
LOCATION :	
VISIBILITY :	
WEIGHT :	
CURRENT :	

CONDITIONS :

☀ ☁ 🌧 ⛅
☐ ☐ ☐ ☐

HOT   MIDL   CLOUD
☐   ☐   ☐

😃   🙂   ☹
☐   ☐   ☐

○ SALT ○ FRESH ○ SHORE ○ BOAT ○ DEEP ○ NIGHT

DIVE DATA :

TIME IN : ....   TIME OUT : ....

MAX DEPTH : ....

BAR/PS : ....   BAR/PS : ....

TIME OUT : ....   TOTAL TIME : ....

VERIFICATION

VERIFICATION SIGNATURE :

☐ INSTRUCTOR   ☐ DIVEMASTER   ☐ BUDDY

NOTES

....
....
....
....
....
....
....
....

DATE :	
DIVE # :	
COUNTRY :	
LOCATION :	
VISIBILITY :	
WEIGHT :	
CURRENT :	

CONDITIONS :

☀ ☁ 🌧 ⛅
☐ ☐ ☐ ☐

HOT MIDL CLOUD
☐ ☐ ☐

😃 🙂 ☹
☐ ☐ ☐

◯ SALT ◯ FRESH ◯ SHORE ◯ BOAT ◯ DEEP ◯ NIGHT

DIVE DATA :

TIME IN : .... TIME OUT : ....

MAX DEPTH : ....

BAR/PS : .... BAR/PS : ....

TIME OUT : .... TOTAL TIME : ....

VERIFICATION

VERIFICATION SIGNATURE :

NOTES

....
....
....
....
....
....
....
....

☐ INSTRUCTOR ☐ DIVEMASTER ☐ BUDDY

DATE :	
DIVE # :	
COUNTRY :	
LOCATION :	
VISIBILITY :	
WEIGHT :	
CURRENT :	

CONDITIONS :

☀ ☁ 🌧 ⛅
☐ ☐ ☐ ☐

HOT MIDL CLOUD
☐   ☐   ☐

😀 🙂 ☹
☐ ☐ ☐

○ SALT ○ FRESH ○ SHORE ○ BOAT ○ DEEP ○ NIGHT

DIVE DATA :

TIME IN : .... TIME OUT : ....

MAX DEPTH : ....

BAR/PS : .... BAR/PS : ....

TIME OUT : .... TOTAL TIME : ....

VERIFICATION

VERIFICATION SIGNATURE :

○ INSTRUCTOR ○ DIVEMASTER ○ BUDDY

NOTES

....
....
....
....
....
....
....
....

DATE :	**CONDITIONS :**
DIVE # :	☀️ ☁️ 🌧️ ⛅
COUNTRY :	☐ ☐ ☐ ☐
LOCATION :	HOT MIDL CLOUD
VISIBILITY :	☐ ☐ ☐
WEIGHT :	😀 🙂 ☹️
CURRENT :	☐ ☐ ☐

◯ SALT   ◯ FRESH   ◯ SHORE   ◯ BOAT   ◯ DEEP   ◯ NIGHT

DIVE DATA :

TIME IN : ....   TIME OUT : ....

MAX DEPTH : ....

BAR/PS : ....   BAR/PS : ....

TIME OUT : ....   TOTAL TIME : ....

VERIFICATION	NOTES
VERIFICATION SIGNATURE :	....
	....
	....
	....
	....
	....
	....
☐ INSTRUCTOR ☐ DIVEMASTER ☐ BUDDY	

DATE :	
DIVE # :	
COUNTRY :	
LOCATION :	
VISIBILITY :	
WEIGHT :	
CURRENT :	

CONDITIONS :

☀ ☁ 🌧 ⛅
☐ ☐ ☐ ☐

HOT — MIDL — CLOUD
☐ ☐ ☐

😀 🙂 ☹
☐ ☐ ☐

○ SALT ○ FRESH ○ SHORE ○ BOAT ○ DEEP ○ NIGHT

DIVE DATA :

TIME IN : .... TIME OUT : ....

MAX DEPTH : ....

BAR/PS : .... BAR/PS : ....

TIME OUT : .... TOTAL TIME : ....

VERIFICATION

VERIFICATION SIGNATURE :

☐ INSTRUCTOR   ☐ DIVEMASTER   ☐ BUDDY

NOTES

....
....
....
....
....
....
....
....

DATE :	
DIVE # :	
COUNTRY :	
LOCATION :	
VISIBILITY :	
WEIGHT :	
CURRENT :	

CONDITIONS :

☀ ☁ 🌧 ⛅
☐ ☐ ☐ ☐

HOT MIDL CLOUD
☐   ☐   ☐

😃 🙂 ☹
☐ ☐ ☐

○ SALT   ○ FRESH   ○ SHORE   ○ BOAT   ○ DEEP   ○ NIGHT

DIVE DATA :

TIME IN : ....   TIME OUT : ....

MAX DEPTH : ....

BAR/PS : ....   BAR/PS : ....

TIME OUT : ....   TOTAL TIME : ....

VERIFICATION

VERIFICATION SIGNATURE :

☐ INSTRUCTOR   ☐ DIVEMASTER   ☐ BUDDY

NOTES

....
....
....
....
....
....
....
....

DATE :	
DIVE # :	
COUNTRY :	
LOCATION :	
VISIBILITY :	
WEIGHT :	
CURRENT :	

CONDITIONS :

☀️ ☐   ☁️ ☐   🌧️ ☐   ⛅ ☐

HOT ☐   MIDL ☐   CLOUD ☐

😄 ☐   🙂 ☐   ☹️ ☐

◯ SALT ◯ FRESH ◯ SHORE ◯ BOAT ◯ DEEP ◯ NIGHT

DIVE DATA :

TIME IN : ....   TIME OUT : ....

MAX DEPTH : ....

BAR/PS : ....   BAR/PS : ....

TIME OUT : ....   TOTAL TIME : ....

VERIFICATION

VERIFICATION SIGNATURE :

☐ INSTRUCTOR   ☐ DIVEMASTER   ☐ BUDDY

NOTES

....
....
....
....
....
....
....
....

DATE :		CONDITIONS :

- DIVE # :
- COUNTRY :
- LOCATION :
- VISIBILITY :
- WEIGHT :
- CURRENT :

Conditions: ☀️ ☁️ 🌧️ ⛅
HOT ☐ MIDL ☐ CLOUD ☐
😀 ☐ 🙂 ☐ ☹️ ☐

○ SALT   ○ FRESH   ○ SHORE   ○ BOAT   ○ DEEP   ○ NIGHT

DIVE DATA :

TIME IN : ....   TIME OUT : ....

MAX DEPTH : ....

BAR/PS : ....   BAR/PS : ....

TIME OUT : ....   TOTAL TIME : ....

VERIFICATION

VERIFICATION SIGNATURE :

NOTES

....
....
....
....
....
....
....

☐ INSTRUCTOR   ☐ DIVEMASTER   ☐ BUDDY

DATE :	
DIVE # :	
COUNTRY :	
LOCATION :	
VISIBILITY :	
WEIGHT :	
CURRENT :	

CONDITIONS :

☀ ☐	☁ ☐	🌧 ☐	⛅ ☐
HOT ☐	MIDL ☐		CLOUD ☐
😄 ☐	🙂 ☐		☹ ☐

☐ SALT ☐ FRESH ☐ SHORE ☐ BOAT ☐ DEEP ☐ NIGHT

DIVE DATA :

TIME IN : ....   TIME OUT : ....

MAX DEPTH : ....

BAR/PS : ....   BAR/PS : ....

TIME OUT : ....   TOTAL TIME : ....

VERIFICATION

VERIFICATION SIGNATURE :

☐ INSTRUCTOR   ☐ DIVEMASTER   ☐ BUDDY

NOTES

DATE :	
DIVE # :	
COUNTRY :	
LOCATION :	
VISIBILITY :	
WEIGHT :	
CURRENT :	

CONDITIONS :

☀ ☁ 🌧 ⛅
☐ ☐ ☐ ☐

HOT MIDL CLOUD
☐   ☐   ☐

😀 🙂 ☹
☐ ☐ ☐

○ SALT ○ FRESH ○ SHORE ○ BOAT ○ DEEP ○ NIGHT

DIVE DATA :

TIME IN : .... TIME OUT : ....

MAX DEPTH : ....

BAR/PS : .... BAR/PS : ....

TIME OUT : .... TOTAL TIME : ....

VERIFICATION

VERIFICATION SIGNATURE :

NOTES

....
....
....
....
....
....
....

☐ INSTRUCTOR ☐ DIVEMASTER ☐ BUDDY

DATE :	
DIVE # :	
COUNTRY :	
LOCATION :	
VISIBILITY :	
WEIGHT :	
CURRENT :	

CONDITIONS :

☀ ☁ 🌧 ⛅
☐ ☐ ☐ ☐

HOT MIDL CLOUD
☐   ☐   ☐

😃 🙂 ☹
☐ ☐ ☐

○ SALT   ○ FRESH   ○ SHORE   ○ BOAT   ○ DEEP   ○ NIGHT

DIVE DATA :

TIME IN : ....   TIME OUT : ....

MAX DEPTH : ....

BAR/PS : ....   BAR/PS : ....

TIME OUT : ....   TOTAL TIME : ....

VERIFICATION

VERIFICATION SIGNATURE :

☐ INSTRUCTOR   ☐ DIVEMASTER   ☐ BUDDY

NOTES

DATE :
DIVE # :
COUNTRY :
LOCATION :
VISIBILITY :
WEIGHT :
CURRENT :

CONDITIONS :

☀ ☁ 🌧 ⛅
☐ ☐ ☐ ☐

HOT   MIDL   CLOUD
☐   ☐   ☐

😃   🙂   ☹
☐   ☐   ☐

○ SALT   ○ FRESH   ○ SHORE   ○ BOAT   ○ DEEP   ○ NIGHT

DIVE DATA :

TIME IN : ....   TIME OUT : ....

MAX DEPTH : ....

BAR/PS : ....   BAR/PS : ....

TIME OUT : ....   TOTAL TIME : ....

VERIFICATION

VERIFICATION SIGNATURE :

☐ INSTRUCTOR   ☐ DIVEMASTER   ☐ BUDDY

NOTES

....
....
....
....
....
....
....
....

Dive Log

DATE :

DIVE # :

COUNTRY :

LOCATION :

VISIBILITY :

WEIGHT :

CURRENT :

CONDITIONS :

☀ ☐	☁ ☐	🌧 ☐	⛅ ☐
HOT ☐	MIDL ☐		CLOUD ☐
😃 ☐	🙂 ☐		😞 ☐

○ SALT ○ FRESH ○ SHORE ○ BOAT ○ DEEP ○ NIGHT

DIVE DATA :

TIME IN : ....

TIME OUT : ....

MAX DEPTH : ....

BAR/PS : ....

BAR/PS : ....

TIME OUT : ....

TOTAL TIME : ....

VERIFICATION

VERIFICATION SIGNATURE :

☐ INSTRUCTOR   ☐ DIVEMASTER   ☐ BUDDY

NOTES

....
....
....
....
....
....
....

DATE :	
DIVE # :	
COUNTRY :	
LOCATION :	
VISIBILITY :	
WEIGHT :	
CURRENT :	

CONDITIONS :

☀ ☁ 🌧 ⛅
☐ ☐ ☐ ☐

HOT   MIDL   CLOUD
☐   ☐   ☐

😄   🙂   🙁
☐   ☐   ☐

○ SALT ○ FRESH ○ SHORE ○ BOAT ○ DEEP ○ NIGHT

DIVE DATA :

TIME IN : .... TIME OUT : ....

MAX DEPTH : ....

BAR/PS : .... BAR/PS : ....

TIME OUT : .... TOTAL TIME : ....

VERIFICATION

VERIFICATION SIGNATURE :

☐ INSTRUCTOR   ☐ DIVEMASTER   ☐ BUDDY

NOTES

....
....
....
....
....
....
....
....

DATE :	
DIVE # :	
COUNTRY :	
LOCATION :	
VISIBILITY :	
WEIGHT :	
CURRENT :	

CONDITIONS :

☀ ☁ 🌧 ⛅
☐ ☐ ☐ ☐

HOT   MIDL   CLOUD
☐   ☐   ☐

😀 ☺ ☹
☐ ☐ ☐

○ SALT   ○ FRESH   ○ SHORE   ○ BOAT   ○ DEEP   ○ NIGHT

DIVE DATA :

TIME IN : ....   TIME OUT : ....

MAX DEPTH : ....

BAR/PS : ....   BAR/PS : ....

TIME OUT : ....   TOTAL TIME : ....

VERIFICATION

VERIFICATION SIGNATURE :

NOTES

....
....
....
....
....
....
....
....

☐ INSTRUCTOR   ☐ DIVEMASTER   ☐ BUDDY

DATE :	
DIVE # :	
COUNTRY :	
LOCATION :	
VISIBILITY :	
WEIGHT :	
CURRENT :	

CONDITIONS :

☀ ☁ 🌧 ⛅
☐ ☐ ☐ ☐

HOT MIDL CLOUD
☐ ☐ ☐

😀 🙂 ☹
☐ ☐ ☐

○ SALT ○ FRESH ○ SHORE ○ BOAT ○ DEEP ○ NIGHT

DIVE DATA :

TIME IN : .... TIME OUT : ....

MAX DEPTH : ....

BAR/PS : .... BAR/PS : ....

TIME OUT : .... TOTAL TIME : ....

VERIFICATION

VERIFICATION SIGNATURE :

☐ INSTRUCTOR ☐ DIVEMASTER ☐ BUDDY

NOTES

DATE :	
DIVE # :	
COUNTRY :	
LOCATION :	
VISIBILITY :	
WEIGHT :	
CURRENT :	

CONDITIONS :

☀	☁	🌧	⛅
☐	☐	☐	☐
HOT	MIDL		CLOUD
☐	☐		☐
😄	🙂		☹
☐	☐		☐

◯ SALT ◯ FRESH ◯ SHORE ◯ BOAT ◯ DEEP ◯ NIGHT

DIVE DATA :

TIME IN : .... TIME OUT : ....

MAX DEPTH : ....

BAR/PS : .... BAR/PS : ....

TIME OUT : .... TOTAL TIME : ....

VERIFICATION

VERIFICATION SIGNATURE :

☐ INSTRUCTOR ☐ DIVEMASTER ☐ BUDDY

NOTES

DATE :	
DIVE # :	
COUNTRY :	
LOCATION :	
VISIBILITY :	
WEIGHT :	
CURRENT :	

CONDITIONS :

☀ ☁ 🌧 ⛅
☐ ☐ ☐ ☐

HOT ☐ MIDL ☐ CLOUD ☐

😃 ☐   🙂 ☐   🙁 ☐

○ SALT ○ FRESH ○ SHORE ○ BOAT ○ DEEP ○ NIGHT

DIVE DATA :

TIME IN : ....

MAX DEPTH : ....

TIME OUT : ....

BAR/PS : ....

BAR/PS : ....

TIME OUT : ....

TOTAL TIME : ....

VERIFICATION

VERIFICATION SIGNATURE :

☐ INSTRUCTOR ☐ DIVEMASTER ☐ BUDDY

NOTES

DATE :	
DIVE # :	
COUNTRY :	
LOCATION :	
VISIBILITY :	
WEIGHT :	
CURRENT :	

CONDITIONS :

☀ ☁ 🌧 ⛅
☐ ☐ ☐ ☐

HOT   MIDL   CLOUD
☐   ☐   ☐

😃   🙂   ☹
☐   ☐   ☐

◯ SALT ◯ FRESH ◯ SHORE ◯ BOAT ◯ DEEP ◯ NIGHT

DIVE DATA :

TIME IN : ....   TIME OUT : ....

MAX DEPTH : ....

BAR/PS : ....   BAR/PS : ....

TIME OUT : ....   TOTAL TIME : ....

VERIFICATION

VERIFICATION SIGNATURE :

☐ INSTRUCTOR   ☐ DIVEMASTER   ☐ BUDDY

NOTES

....
....
....
....
....
....
....
....

DATE :	
DIVE # :	
COUNTRY :	
LOCATION :	
VISIBILITY :	
WEIGHT :	
CURRENT :	

CONDITIONS :

☀ ☁ 🌧 ⛅
☐ ☐ ☐ ☐

HOT   MIDL   CLOUD
☐   ☐   ☐

😀   🙂   ☹
☐   ☐   ☐

◯ SALT ◯ FRESH ◯ SHORE ◯ BOAT ◯ DEEP ◯ NIGHT

DIVE DATA :

TIME IN : ....   TIME OUT : ....

MAX DEPTH : ....

BAR/PS : ....   BAR/PS : ....

TIME OUT : ....   TOTAL TIME : ....

VERIFICATION

VERIFICATION SIGNATURE :

NOTES

....
....
....
....
....
....
....
....

☐ INSTRUCTOR   ☐ DIVEMASTER   ☐ BUDDY

DATE :	
DIVE # :	
COUNTRY :	
LOCATION :	
VISIBILITY :	
WEIGHT :	
CURRENT :	

CONDITIONS :

☀ ☁ 🌧 ⛅
☐ ☐ ☐ ☐

HOT MIDL CLOUD
☐ ☐ ☐

😄 🙂 ☹
☐ ☐ ☐

○ SALT ○ FRESH ○ SHORE ○ BOAT ○ DEEP ○ NIGHT

DIVE DATA :

TIME IN : .... TIME OUT : ....

MAX DEPTH : ....

BAR/PS : .... BAR/PS : ....

TIME OUT : .... TOTAL TIME : ....

VERIFICATION

VERIFICATION SIGNATURE :

NOTES

☐ INSTRUCTOR ☐ DIVEMASTER ☐ BUDDY

DATE :	**CONDITIONS :**
DIVE # :	☀ ☁ 🌧 ⛅
COUNTRY :	☐ ☐ ☐ ☐
LOCATION :	HOT MIDL CLOUD
VISIBILITY :	☐ ☐ ☐
WEIGHT :	😄 🙂 ☹
CURRENT :	☐ ☐ ☐

○ SALT   ○ FRESH   ○ SHORE   ○ BOAT   ○ DEEP   ○ NIGHT

DIVE DATA :

TIME IN : ....   TIME OUT : ....

MAX DEPTH : ....

BAR/PS : ....   BAR/PS : ....

TIME OUT : ....   TOTAL TIME : ....

VERIFICATION	NOTES
VERIFICATION SIGNATURE :	....
	....
	....
	....
	....
	....
	....
☐ INSTRUCTOR ☐ DIVEMASTER ☐ BUDDY	

DATE :	**CONDITIONS :**
DIVE # :	☀ ☁ 🌧 ⛅
COUNTRY :	☐ ☐ ☐ ☐
LOCATION :	HOT MIDL CLOUD
VISIBILITY :	☐ ☐ ☐
WEIGHT :	😀 🙂 ☹
CURRENT :	☐ ☐ ☐

○ SALT   ○ FRESH   ○ SHORE   ○ BOAT   ○ DEEP   ○ NIGHT

DIVE DATA :

TIME IN : ....   TIME OUT : ....

MAX DEPTH : ....

BAR/PS : ....   BAR/PS : ....

TIME OUT : ....   TOTAL TIME : ....

VERIFICATION	NOTES
VERIFICATION SIGNATURE :	....
	....
	....
	....
	....
	....
☐ INSTRUCTOR ☐ DIVEMASTER ☐ BUDDY	

DATE :	
DIVE # :	
COUNTRY :	
LOCATION :	
VISIBILITY :	
WEIGHT :	
CURRENT :	

CONDITIONS :

☀ ☁ 🌧 ⛅
☐ ☐ ☐ ☐

HOT MIDL CLOUD
☐   ☐   ☐

😀 🙂 ☹
☐ ☐ ☐

○ SALT   ○ FRESH   ○ SHORE   ○ BOAT   ○ DEEP   ○ NIGHT

DIVE DATA :

TIME IN : ....   TIME OUT : ....

MAX DEPTH : ....

BAR/PS : ....   BAR/PS : ....

TIME OUT : ....   TOTAL TIME : ....

VERIFICATION

VERIFICATION SIGNATURE :

☐ INSTRUCTOR   ☐ DIVEMASTER   ☐ BUDDY

NOTES

....
....
....
....
....
....
....
....

DATE :	**CONDITIONS :**
DIVE # :	☀ ☁ 🌧 ⛅
COUNTRY :	☐ ☐ ☐ ☐
LOCATION :	HOT　　MIDL　　CLOUD
VISIBILITY :	☐ ☐ ☐
WEIGHT :	😀 🙂 ☹
CURRENT :	☐ ☐ ☐

○ SALT　○ FRESH　○ SHORE　○ BOAT　○ DEEP　○ NIGHT

DIVE DATA :

TIME IN : ....　　　TIME OUT : ....

MAX DEPTH : ....

BAR/PS : ....　　　BAR/PS : ....

TIME OUT : ....　　　TOTAL TIME : ....

VERIFICATION

VERIFICATION SIGNATURE :

☐ INSTRUCTOR　☐ DIVEMASTER　☐ BUDDY

NOTES

....
....
....
....
....
....
....

DATE :
DIVE # :
COUNTRY :
LOCATION :
VISIBILITY :
WEIGHT :
CURRENT :

CONDITIONS :

☀ ☁ 🌧 ⛅
☐ ☐ ☐ ☐

🌡 HOT   🌡 MIDL   🌡 CLOUD
☐   ☐   ☐

😀 ☐   🙂 ☐   ☹ ☐

○ SALT ○ FRESH ○ SHORE ○ BOAT ○ DEEP ○ NIGHT

DIVE DATA :

TIME IN : ....   TIME OUT : ....

MAX DEPTH : ....

BAR/PS : ....   BAR/PS : ....

TIME OUT : ....   TOTAL TIME : ....

VERIFICATION

VERIFICATION SIGNATURE :

☐ INSTRUCTOR   ☐ DIVEMASTER   ☐ BUDDY

NOTES

....
....
....
....
....
....
....
....

DATE :	CONDITIONS :

- DATE :
- DIVE # :
- COUNTRY :
- LOCATION :
- VISIBILITY :
- WEIGHT :
- CURRENT :

CONDITIONS :
☀ ☁ 🌧 ⛅
☐ ☐ ☐ ☐

HOT   MIDL   CLOUD
☐   ☐   ☐

😄 🙂 ☹
☐ ☐ ☐

○ SALT   ○ FRESH   ○ SHORE   ○ BOAT   ○ DEEP   ○ NIGHT

DIVE DATA :

TIME IN : ....   TIME OUT : ....

MAX DEPTH : ....

BAR/PS : ....   BAR/PS : ....

TIME OUT : ....   TOTAL TIME : ....

VERIFICATION

VERIFICATION SIGNATURE :

☐ INSTRUCTOR   ☐ DIVEMASTER   ☐ BUDDY

NOTES

DATE :	CONDITIONS :

DATE :
DIVE # :
COUNTRY :
LOCATION :
VISIBILITY :
WEIGHT :
CURRENT :

CONDITIONS :

☀ ☁ 🌧 ⛅
☐ ☐ ☐ ☐

HOT MIDL CLOUD
☐   ☐   ☐

😃   🙂   ☹
☐   ☐   ☐

○ SALT ○ FRESH ○ SHORE ○ BOAT ○ DEEP ○ NIGHT

DIVE DATA :

TIME IN : ....   TIME OUT : ....

MAX DEPTH : ....

BAR/PS : ....   BAR/PS : ....

TIME OUT : ....   TOTAL TIME : ....

VERIFICATION	NOTES
VERIFICATION SIGNATURE :	....
	....
	....
	....
	....
	....
	....
	....
☐ INSTRUCTOR ☐ DIVEMASTER ☐ BUDDY	

DATE :	
DIVE # :	
COUNTRY :	
LOCATION :	
VISIBILITY :	
WEIGHT :	
CURRENT :	

CONDITIONS :

☀ ☐   ☁ ☐   🌧 ☐   ⛅ ☐

🌡 HOT ☐   🌡 MIDL ☐   🌡 CLOUD ☐

😀 ☐   🙂 ☐   ☹ ☐

○ SALT   ○ FRESH   ○ SHORE   ○ BOAT   ○ DEEP   ○ NIGHT

DIVE DATA :

TIME IN : ....   TIME OUT : ....

MAX DEPTH : ....

BAR/PS : ....   BAR/PS : ....

TIME OUT : ....   TOTAL TIME : ....

VERIFICATION

VERIFICATION SIGNATURE :

☐ INSTRUCTOR   ☐ DIVEMASTER   ☐ BUDDY

NOTES

www.ingramcontent.com/pod-product-compliance
Lightning Source LLC
Chambersburg PA
CBHW050306120526
44590CB00016B/2507